U0749646

克勒门文丛

冬天的童话

"90后" 艺术大师写真

林秉亮　著

生活·讀書·新知 三联书店

目 录

一个冬天的童话，更像是冬天里的一把火！

序 ｜ 留住上海的万种风情

陈钢

　　当我们走进上海的大门——外滩时，首先听到的是黄浦江上的汽笛长鸣和海关大本钟扬起的钟声。那是上海的声音、历史的声音和世界的声音。接着，我们可以看到那一道由万国博览建筑群组成的刚健雄伟、雍容华贵的天际线，它展示了作为现代国际大都会大上海的光辉形象。当我们转身西行，乘着叮当作响的电车驶进满街梧桐的霞飞路时，又会在不知不觉里被空气中弥漫的法国情调所悄然迷醉，也会自然而然地想起张爱玲所说的"比我较有诗意的人在枕上听松涛、听海啸，我是非得听见电车响才睡得着觉的……"。除了这张爱玲所特别钟爱的上海"市声"外，我们还能在电影、舞厅和咖啡馆里找到世界的脉搏和时代的节奏，找到上海的声音。丹尼尔·贝尔认为，"一个城市不仅是一块地方，而是一种心理状态，一种独特生活方式的象征"。上海是中国一块得天独厚的风水宝地，它不仅使古老的中国奇迹般地出现了时尚繁华的"东方华尔街"和情调浓郁的"东方巴黎"，而且催生了中国的城市文化——海派文化，催生了中国的第一部电影、第一个交响乐团、第一所音乐学院和诸多的"第一"……

"克勒"曾经是上海的一个符号，或许它是class（阶层）、color（色彩）、classic（经典）和club(会所)的"混搭"，但在加上一个"老"字后，却又似乎多了层特殊的"身份认证"。因为，一提到"老克勒"，人们就会想到当年的那些崇尚高雅、多元的审美情趣和精致、时尚生活的方式的"上海绅士"们。而今，"老克勒"们虽已渐渐离去，但克勒精神却以各种新的方式传承开发，结出新果。为此，梳理其文脉，追寻其神韵，同时将"老克勒"所代表的都会文化接力棒传承给"大克勒"和"小克勒"们，理应成为我们这些"海上赤子"的文化指向和历史天职。于是，"克勒门"应运诞生了！

　　"克勒门"是一扇文化之门、梦幻之门和上海之门。推开这扇门，我们就能见到一座座有着丰富宝藏的文化金山。"克勒门"是一所文人雅集的沙龙，而沙龙也正是一台台城市文化的发动机。我们开动了这台发动机，就可能多开掘和发现一些海上宝藏和文化新苗，使不同的文化在这里可以自由地陈述、交流、碰撞和汇聚。

"克勒门"里美梦多。我们曾以"梦"为题，一连推出了十二个梦。"华梦""诗梦""云梦""戏梦"……从"老克勒的前世今生"到"上海名媛与旗袍"，从"海派京剧"到"好莱坞电影"，从"小口琴"讲到"大王开"……在"寻梦"中，我们请来作家白先勇畅谈他的"上海梦"，并通过"尹雪艳总是不老"来阐明"上海永远不老"的主旨。当然，上海的"不老"是要通过文化的传承和发展来实现的。于是，我们紧接着又将目光指向年轻人、指向未来，举行了"青梦"。由三位上海出生的、享有国际声誉的"小克勒"回顾他们在青春路上的种种机遇、奋进和梦幻。梦是现实的奇异幻境，可它又会化为朵朵彩云、洒下阵阵细雨，永远流落在人世间。

"克勒门"里才俊多。这里有作家、诗人、画家、音乐家、演员、记者和来自四面八方的朋友们。他们不仅在这里回顾过往、将记忆视为一种责任，而更是以百年上海的辉煌作为基点，来远望现代化中国的灿烂未来！有人说，"克勒门"里的"同门人"都很"纯粹"，而纯粹（pure）和单纯（simple）还不完全一样。单纯是一种客观的状态，而纯粹，是知晓世事复杂之后依然坚守自己的主观选择。因为"纯粹"，我们无所羁绊；因为"纯粹"，我们才能感动更多"同门人"。

"克勒门"里故事多。还记得当"百乐门"的最后一位女爵士乐手、88岁的俞敏昭被颤颤巍巍地扶上舞台、在钢琴上弹起《玫瑰玫瑰我爱你》时顿时青春焕发的动人情景吗？还记得"老鸿翔"小开金先生在台上亲自示范、为爱妻丈量旗袍的三十六个点的温馨场面吗？当见到白先勇在"克勒门"舞台上巧遇年少时的"南模"同窗、惊讶地张大眼睛的神情和"孙悟空之父"严定宪当场手画孙悟空，以及"芭蕾女神"谭元元在"克勒门之家"里闻乐起舞、从室内跳到天台的精彩画面时，你一定会觉得胜似坠入梦中。当听到周庄的民间艺人由衷地用分节长歌来歌颂画家陈逸飞，"90后"老人饶平如初学钢琴在琴上奏出亡妻最爱的《魂断蓝桥》，特别是当配音艺术家曹雷在朗诵她写给英格丽·褒曼、也是写给自己的那首用心写的短诗时，你一定会有一种别样的感动！还有，作家程乃珊的丈夫严尔纯在笑谈邬达克精心设计的绿房子时所流溢的得意之心，秦怡老师在"王开照相馆"会场外意外发现亲人金焰和好友刘琼照片时所面露的惊喜之情，都会给我们带来一片片难忘的历史的斑痕和一阵阵永不散落的芳香……

记忆是一种责任。今天，当我们回望百年上海时，都会为这座曾经辉煌的文化大都会感到自豪，但也会情不自禁地为那一朵朵昔日盛开的文化奇葩的日渐萎谢而扼腕叹惜。作家龙应台说，文化是应该能逗留的。为了留下这些美丽的"梦之花"，为了将这些上海的文化珍宝串联成珠、在人世间光彩永放，"克勒门"与发祥于上海的"老牌"出版社生活·读书·新知三联书店共同筹划出版了这套"克勒门文丛"，将克勒门所呈现的梦，一个一个地记录下来。这里，我们所推出的这本书是林秉亮的摄影集《冬天的童话——"90后"艺术大师写真》。这里的"90后"是指年届九旬以上的老艺术家们，可不是指出生在90年代的年轻人。而"写"年轻90后窈窕淑女的"真"很容易，可是写那些"90后"老艺术家的"真"可就难上加难了！他们的"真"是脸上显露出来条条皱纹，更是一种返老还童的"本真"。可是，那条条皱纹不就是叠加而成的历史年轮，而脱俗后的本真则更像是一个初生婴儿坦露着的洁白无邪的胸脯吗？看！指挥家曹鹏那张"被撕碎"的脸、歌唱家周小燕张开双臂的手和"明星中的明星"秦怡那依然美丽的微笑……看！现今被誉为"合唱泰斗"的马革顺挂在壁柜上的那一排帽子的特写镜头，正在用"黑色幽默"的方式讲述着百年沧桑，讲述着他曾被戴上各种帽子的荒谬年代，但他却依然坦然自若，笑面人生。林秉亮笔下的"真"是一种写意，更是一种传神！至于用什么镜头、什么光圈、什么技巧，都已经是退居其后了。摄影大师斯蒂格里茨曾经说："结局是唯一公平的评判标准，为了得到期望的结果，是允许选择任何技术手段的。"

这本摄影集题名为"冬天的童话"是有其深意的。诗人海涅在一踏上故土时，就写下了一首著名的长诗《德国，一个冬天的童话》。他在诗中表达了他要在大地上"建筑起天国"的理想："我们要在地上得到幸福"，"这地上有足够的面包产生，玫瑰花呀，常春树呀，美呀，乐呀……"。而林秉亮镜头下的"90后"的艺术大师们，他们也都在用自己的一生追寻心中的"天国"，也都为了建立这个"天国"经历了中国知识分子的百年风云。但是，初梦未泯，初衷不变，他们度过寒冬，迎来新春。他们的故事就像是一个冬天的童话，更像是冬天里的一把火！

"克勒"是一种风度，一种腔调，更是一种精神，一种文化。让我们一起走进"克勒门"和"克勒门文丛"，寻找上海，发现上海，歌唱上海，书写上海，让我们每个人都成为有历史守望与文化追寻的梦中人，将高雅、精致和与时俱进的海派文化精粹传承发扬，用我们的赤子之心留住上海的万种风情！

用我的相机和心灵记录下这些文化艺术大师们所带来的感动与激情。

"追捕"大师的身影

林秉亮

《冬天的童话》摄影集中是我近年来用摄影语言记录下来的马革顺、徐中玉、周小燕、高式熊、贺友直、秦怡、曹鹏等七位上海文化艺术界大师的身影。我力图透过相机镜头，将大师们一个个独具个性的瞬间定格成永恒的画面。

当今迅猛发展的数码技术，使得我们可以在任意时间、任意地点和任意条件下拍照，并且获得出色的影像。很多婚纱影楼打出广告语"个性化摄影""个性化制作"，而拿到顾客手中的照片却是用电脑技术把一个个活生生的人打造成了一个个相同模式的"俊男美女"。我觉得摄影家与摄影匠的不同之处在于能利用手中的镜头用自己的眼睛去观看不同的人物和世界，能突破顽固的概念模式。这种眼睛是摄影家自我的眼睛，那是一种有灵魂的眼睛。

我的人物摄影，出于自己对艺术上的追求。在拍摄人物的过程中，一直力求朴实自然的拍摄效果，我欣赏大气而极具力量的摄影作品，希望能在作品中展示拍摄对象独具人性魅力的一面而不事雕琢。在拍摄中，我喜欢采用随时随地的拍摄方法，不拘时间地点，只求真实放松。这无疑对摄影的技术提出了更高的要求，但正是这样独特的艺术视角，容易使画面产生生动而震撼人心的视觉冲击力。无论是显赫的名人还是生活中的普通百姓，都是一个个鲜活的生命，"他们不再是别人，而是自己"。这些脸部及肢体语言或坚毅，或坦然，或面露微笑，或紧锁眉梢，各具鲜明特点，甚至脸上的斑点或者发间的银丝，皮肤质感……其震撼力量可想而知。我把自己的感情与理解全部灌注到这一次次快门的按动之中，用我的相机和心灵记录下了这些文化艺术大师们所带来的感动与激情。

我今年100岁了，我这一辈子
    活在自己毕生追求的台球艺术
中，觉得很幸福很满足。

                        百岁羊眼
                    2014.9.12

雪花 | 马革顺

中国合唱艺术理论奠基人，音乐教育家、著名合唱指挥家。1914年2月27日出生于南京。1937年毕业于南京中央大学教育学院音乐系，师从奥地利音乐博士史达士。1947年赴美国西南音乐学院、美国维斯铭士德合唱音乐学院攻读硕士学位，1949年学成回国。曾任教于华东师范大学音乐系、上海音乐学院指挥系。曾任中国音乐家协会理事、中国合唱协会顾问、上海音乐家协会常务理事、中国基督教圣乐委员会顾问。著有我国第一部合唱艺术专著《合唱学》，创作圣乐大合唱《受膏者》。曾荣获首届中国音乐金钟奖"终身荣誉勋章"、美国维斯铭士德合唱音乐学院荣誉院士、美国瓦特堡学院音乐艺术荣誉博士。

圣 坛

梁绍基

《雪花》为中国合唱界指挥泰斗马革顺先生所收集传播并多次亲身指挥的合唱经典之作。这位百岁老人以己独悟如此诠释"雪花"的品格："老老实实、安安静静、本本分分"，并以之作为他的人生宗教，百般磨难不能移，终身信守。怀着对老人的崇敬之情，林秉亮敏觉倍增，触觉神经如弦上之箭，等待禅机。在上海歌剧院排练厅，咔嚓一声，按下了"决定性的瞬间"，眼前景物顿时化为圣坛，指挥者沐浴在弥撒的光影之中，一座不朽的塑像跃然纸上。

抓拍敏觉固然源于摄影家不可或缺的技术功底，但更重要的是其近年对光影本质的探索及思考。这张照片以黑白为语言，用逆光拍摄，故影调单纯、深沉、神秘而庄严。照片粗粒质地所形成视觉的疏离感和模糊感产生了超然的宗教感。构图上人物偏处一隅，让出空间，突出大窗户，使照片右上角波动的圆斑似穿越彩玻的光照；又似纷纷扬扬飘洒而入的雪花；又似这"冬窝"里熊熊燃烧的永不熄灭的圣火四射的星点……

1938年在西安街头指挥学生演唱抗日歌曲
摄影：伊文斯　（荷兰）

骄傲的指挥棒
—— 马革顺的拐杖

梁绍基

它是春光的蔓藤，

它是夏日的和声，

它是秋林的金号，

它是冬天的火炬，

它是不屈的脊梁，

它是美丽的童话，

挺立的纪念碑，

骄傲的指挥棒——马革顺

命运的跫音

缓缓行过黑暗的长廊

背负十字架的受膏者

睡梦中游越了燃烧的荆棘

听，那来自神秘的乐音

在欢唱，欢唱！

———— 张心柔

风景这边独好

林秉亮

中国合唱指挥泰斗马革顺先生今年已101岁，但他对音乐的无上崇拜，对合唱艺术的钻研把握，依然初心跃然，不改本色。生活中的马老，喜欢收集帽子，他从美国留学回来，被戴上很多顶诸如"反革命""右派"之类的帽子，他将帽子一整排地挂在家里的橱柜上，并说："看到这些帽子，可以经常警示自己。"他收集帽子，实是在收集自己走过的人生。

2014年夏秋之交，在他夫人薛彦莉女士的安排下，我去马老家拍摄一些静物照片，恰逢马老学生王瑾夫妇也去看望马老。那天，这位百岁老人特别兴奋，思路敏捷地与学生一起探讨合唱学方面的问题。

中午时分，马老累了，他自己静静地斜躺在长沙发上休息。只见他双目微闭，一条腿还翘在沙发背上，一副悠然自得的神态。我深深感受到的是这位百岁老人虽历尽沧桑，还依然那么执着、顽强、不改初衷；在他那坚毅的外表下潜藏着一种深刻的美，一种朴实毫不矫揉造作的美，一种令人崇敬而又令人心疼的美。我随即拖过一把椅子，跳到上面，按下快门。后期制作时，我将躺在沙发上的马老与橱柜上的帽子上下呼应，有机结合，形成了一幅耐人寻味的摄影作品。他能如此随性地睡在一排帽子底下的沙发上，那份坦然，不正象征了他对过去那段不堪回首岁月的不屑与鄙夷吗？他对音乐生活的刻意实践与追求，与他随意躺在一排帽子底下的漫不经心形成了强烈又鲜明的形象反差，而这正是马老精神世界画面的生动写照啊！这样的瞬间实在太精彩了！这才是一位真实又可信的老音乐家的形象啊！

摄影创作有时还真像体育比赛，充满着偶然性，而这偶然又来自平素观察、思考、探索的必然。如何能将许多偶然的瞬间抓住，这是每个摄影者值得思考的问题。创作灵感爆发的偶然，与平时生活积累、思索的必然，常常互为因果，难分彼此。当艺术家真诚地投入便会妙悟，日常生活熟视无睹的图像便变为一道独特的景观，风景这边独好，咔嚓！

文化人对民族、国家，要有自觉的
的责任担当。

徐中玉

2014年
9月28日

白上白 | 徐中玉

　　著名教育家、文艺理论家。1915年2月出生于江苏江阴华士镇。1941年国立中山大学研究院中国文学部毕业后留校任教。1946年执教于山东大学。因支持爱国学生运动，被解聘后来到上海，在沪江大学任教。1952年院系调整，入华东师范大学。在古代文论研究方面有卓越成就，曾主编五种大学语文教材、十多种重要期刊。其中《大学语文》迄今再版38次。《古文鉴赏大辞典》获全

国图书金钥匙奖一等奖，《近代文学大系文学理论卷》获第三届中国国家图书奖荣誉奖。历任华东师范大学中文系主任、文学研究所所长、校委会副主任，上海作家协会第五届主席，全国大学语文研究会会长，教育部中文学科评议组成员，全国高教自学考试中文专业委员会主任。

白上白

梁绍基

这组照片的价值在于生动地捕捉了中国当代文学大师、第五届上海作协主席徐中玉日常生活中的神采，既有艺术性，又有朴素的纪实性和珍贵的史料性。

他，徐中玉，几十年如一日蛰居于上海华师大二村老公寓，惯于游书海、登书山、伏案爬格子。一张旧桌，一把破藤椅便是其乐园，2000万字的手写资料，38次再版的《大学语文》……都在此诞生。更难能可贵的是，在2014年百岁之际，他将自己毕生积攒的100万元捐赠给上海华师大图书馆。他以"文需有益于天下"为己任，勤勉严谨治学，赢得众人尊重，但当他获得第六届上海文学艺术奖"终身成就奖"时，一个大学问家竟只是短短地说了几句话："我感谢"，"我做得不够"……毫无文人华丽的词藻赘语，素淡之极。

徐中玉一生不为富贵所淫，不为名利所移，淡泊明志，宁静致远，不由使我想起了著名的至上主义艺术家马列维奇的代表作《白上白》，他在一个正方形的白色画面上画了一个斜倾的正方形白块，他宣称追求形而上超然之境。但马列维奇所事的毕竟为艺术之畅想，而徐中玉却以对大地和民族的挚爱实现了自己人生的"白上白"。

纪实摄影不事雕琢，以朴素的艺术手法留下一个至纯至静的大师之影，兴许也可谓"白上白"。

岁月编织一张绵密的网

以文字为媒

筛下片片色彩斑斓的书页

透澈的深情

自泛黄的青春满溢

芬芳如雪

———— 张心柔

走进徐中玉

林秉亮

"中华文脉总须传，文章终究老来成；先生著作映日月，文以载道付终生。"这是诗人洁初对这位百岁老先生的评价。

徐中玉先生从踏入大学校门的那天起，就肩负素志，从此没有离开过大学校门一步。他近80年来孜孜向学、循循善诱。既博览群书，又视通万里；既思接千载，又融通古今。终究著作等身，而载道育人。他在中国古代文论研究上，独树一帜，高标照人。他的百岁一生，四字可括：教书育人。平时，陪他的只是满屋的书香，又一地的学问。你只要走进他简陋的家中，满眼所见是书，还是书，没有一件高档奢华的家具。他的治学严谨，一丝不苟，1000多册书上都有他的笔记，手书的卡片资料足有2000多万字。

在我作品中的徐中玉先生，你只见一介清癯老者蜗蜗而行，慈眉善目，平凡若路人。但从他身上，可见百年中华沧桑——如此沉郁、如此老成，如此善良、如此平易，如此清朗、如此近人。

其中最难忘的一个画面是2014年夏，我和新华社高级记者赵兰英一起去采访他，临别时老人送我们到门口，挥手告别的那一刹那，令我的心情久久不能平静，至今难以忘怀。

渐渐地，书山与他淡泊的笑容的关系清晰起来，化为了我走进徐中玉的陋室，走进徐中玉内心世界的入口。

我的生活

周国平

莺歌 ｜ 周小燕

　　中国声乐教育大师、著名女高音歌唱家、上海音乐学院终身教授。1917年8月出生于上海。1935年考入国立上海音乐专科学校。抗战期间，参与组建武汉合唱团，首唱《歌八百壮士》《长城谣》等抗日名曲。1938年赴法国求学，1947年回国。1949年9月，任教于上海音乐学院。历任声乐系主任、副院长。首唱《百灵鸟，你这美妙的歌手》《玛依拉》等歌曲。培养了一大批饮誉国内外的优秀歌唱家。1988年创办周小燕歌剧中心，排演了《弄臣》《茶花女》《原野》《乡村骑士》等歌剧。举办了十届国际大师班。曾获得国家"有突出贡献声乐艺术家"、文化部终身艺术成就奖、全国优秀共产党员、当代中国杰出女性、国家教育功臣最高奖等称号和荣誉。

莺 歌
——弹性的童话

梁绍基

莺歌在神奇的童话国度里婉转回荡，那歌声掠过天涯海角、暴雪冬阳，越过塞纳河、印度洋、峨眉山、长城、黄浦江……以它巨大的穿透力，直冲霄汉，化为天籁。

她便是饮誉中外、被誉为"中国之莺"的著名的女高音歌唱家、中国声乐教育大师、上海音乐学院终身教授周小燕先生。

当年在她温柔的羽翼下，一只只百灵鸟展翅高飞震寰宇。而晚年，她乐此不疲，坚持教学，日日厮守，设课堂于家中，从不怠慢。

林秉亮的镜头自然聚焦于此，从琴座前人物大特写开始。他选择了富有弹性节奏、连续展开的图式和长方形的画面，来表现对长方形的滚动的琴键奏鸣的遐想。他舍去课堂上学生的身影，而全力去抓拍老人弹性的身姿动态线，那瘦劲而激昂挥动的双臂和快乐地在键盘上舞动的双手，以及岁月沧桑在其额宇面颊谱写的咏叹调颤抖的线条。显而易见，这恰当的摄影视角，不仅排除了室内摄影中难以驾驭的混合光带来的困扰，而且使画面形象更洗练集中，在弹性上寄以寓意。莺歌的童话色彩在图像学的构图、动态线、细节、光影要素中跳将出来。

夜莺四啼

陈钢

我曾听过"中国夜莺"的四声咏叹，其音婉转，从长城飞到巴黎，从上世纪飞到当今……

那夜莺的"初啼"，该是从巴黎开始的。

李献敏在1945年特地为周小燕谱写了一部以中国神话《蚌壳仙女》为题材的歌剧《蚌壳》。演出非常成功，之后，"中国之莺"的美誉就在巴黎、伦敦的上空腾起。周小燕，这样一个从"蚌壳"里脱壳飞出的"中国之莺"，不但用她的歌声感动了中国，而且感动了世界。

20世纪中叶，上海的上空，盘旋着夜莺啼啭的歌声，周小燕穿着黑丝绒旗袍的晚装，高唱着："美丽的夜晚，明亮亮的小月牙天上挂，百灵鸟儿，快快活活轻声唱起来啦，嘎咕嘎咕……"

那第三阙"夜莺之歌",则是一段被掐断了的华彩乐章,"文革"开始,我和周小燕先生被先后打入"牛棚"。面对着无尽又无情的折磨,她却依然是那样地坦然和从容。一次,音乐学院的"造反派"召开全院"批判资产阶级反动权威大会",轮到周小燕了!"你不是老唱《夜莺》吗?你不是老爱'嘎咕嘎咕'吗?那你现在就唱呀!嘎呀!……"

此时,电波中缓缓地传来了夜莺抒情的咏叹,可是到了我们所期待听到那最精彩的花腔乐段时,广播突然戛然而止,夜莺的啼鸣被粗暴地掐断了!他们不让她唱下去,是因为他们害怕这声音,因为这声音会划破这黑暗的上空,会呼唤喷薄而出的朝阳。他们想丑化群英,却丑化了自己;他们想羞辱权威,却使自己陷入被羞辱的泥沼!

"狂风有时尽，暴雨有时停，燕子归来时，满眼都是春。"
"文革"后，夜莺的轻歌细雨化为阵阵声浪，而周小燕，站在浪
尖上推出一朵朵浪花——张建一、廖昌永……他们是一批新的弄
潮儿，他们追随着海燕飞翔，而在前面领航的，还是那身轻如燕
的周小燕！

　　那个年代，那个不能忘怀的年代，曾经给我们留下了多少的
苦难和创伤，可也创造了多少不可思议的奇迹——而其中最大的
奇迹，莫过于出现了周小燕这样的奇人！

快乐的云雀啊

你甜美地歌唱于诗人的早晨

优雅的舞姿，谕言的手势

向渴慕爱与美的世人诉说

艺术学园的壮丽：

闪闪发亮的珍珠光芒

———— 张心柔

意外的收获

林秉亮

2011年6月的一天上午，我应邀前往周小燕先生家中为她们师生拍摄合影。没想到一进门就被她家中那种浓厚的艺术氛围深深吸引住了。一到周先生讲课时，我又被这位艺术大师不知疲倦、甘为人梯的教学精神深深感染了。我情不自禁地从摄影包中取出了相机，那天是阴天，光线较暗，但室内自然逆光下的周先生，轮廓鲜明而又生动，她的神情随着学生的歌声时而深沉时而激扬，她那饱含激情的手势传神而丰富，瞬间发生的变化真是妙不可言，激起了我不可抑制的创作冲动。

摄影是靠光来做文章，而逆光拍摄又是我喜欢运用的拍摄手法，但要拍摄好一幅逆光下动态的摄影作品对拍摄技术的要求是非常高的，包括相机镜头的选用、相机的光圈、速度选用、相机的感光度选用及后期制作中软件的选用，都需要深思熟虑的。其次在画面构成中，我会尽量寻找角度使光在画面中占的比例不要太大，往往光的比例越小越金贵，少许的光往往能够突出重点起到以少胜多的作用，在摄影用光的方法上，前人有一条经验叫"惜光如金"，十分精辟。

不经意间"咔嚓咔嚓"的快门声有点干扰了教学氛围，周先生轻声对我说："差不多了，不要再拍了。"但一旦发现令人激动的画面，我还是不由自主地按动了快门。

当我把这一幅幅摄影画面展现在周先生眼前时，她非常激动地说："谢谢你为我留下了这么多教学生涯中生动的艺术照片。"她还非常内行地对我说："以前丈夫张骏祥就喜欢用这种光线给我拍照。"事后周先生还打电话跟我朋友说："我应该怎么报答林先生。"听了这些话，我有点不好意思了。以后几次碰到周先生，她都会风趣地对人说："林先生给我拍照，我叫他不要拍了，他还是咔嚓咔嚓把我的怪样子全拍下来了。"

　　原本是去周先生家为她们师生拍摄合影照，后却变成了难忘的摄影创作，真是一次意想不到的收获，萌生了我拍摄上海文化艺术界大师并举办摄影展览的念想。

只要活着就要一天天
写下去刻下去

高戈然

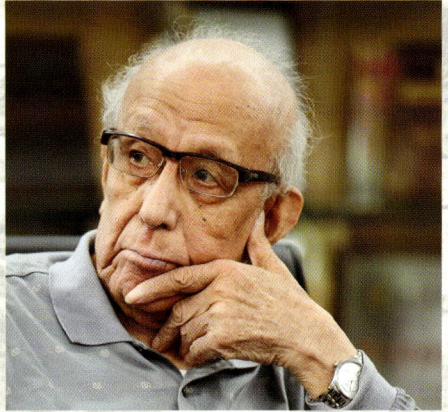

神笔 ｜ 高式熊

　　著名金石篆刻家、书法家、印学鉴定家、印泥制作大师。1921年出生于浙江鄞县。幼承家学。9岁时临欧阳询《九成宫》，读《说文解字》。20岁时，受海上名家赵叔孺、王福庵指导。1947年入西泠印社，为最年轻社员。1956年进入上海电影机械厂。1978年调入上海书画出版社。书法楷、行、篆、隶、草各体均佳，庵印泥的传承人。2010年，篆刻上海世博会中国馆印。出版有《茶经印谱》《西泠印社同人印传》《般若波罗蜜多心经印谱》《高式熊五体书毛泽东诗词67首》《高式熊印稿》等。作品多次在国内外展出，被多家博物馆收藏。现为西泠印社名誉副社长、民建书画院院长、华都画院院长、棠柏印社社长、上海文史研究馆馆员、同济大学顾问教授。

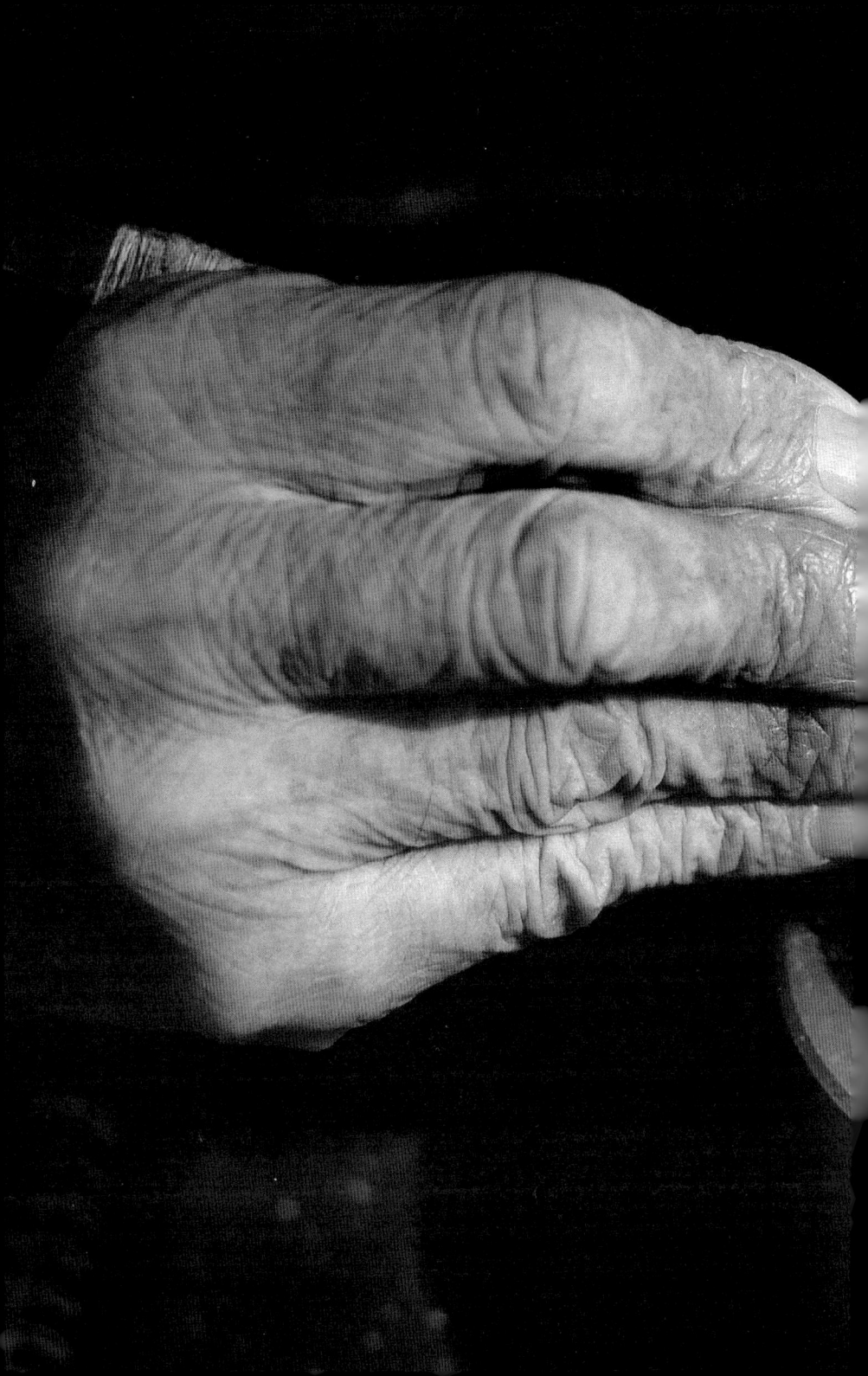

物影
—— 存在者的肖像

梁绍基

其实摄影是一种"去蔽","摄入"和"打开"对象均在一瞬间完成和转换，剥离外像，使之澄明，把存在者存在的变化态势，包括影响它嬗变的环境及互相关系揭示出来。显然，静物浸染着人的气息，所以静物摄影无疑可作为存在者的肖像。

走进上海著名的金石篆刻家、印石鉴定家高式熊的书房，林秉亮立即被这位九旬翁的书案所吸引，透过堆积如山的诗书画卷、文房四宝和搁在沙发上的吉他及他珍藏的照相机，林秉亮领略了这位快乐并创造着的老人的风采，于是他先拍下了那苍劲有力、富有表情、正在治印的双手，这双手爆发着从方寸中去开天辟地的能量。

102

继之，他把哈苏相机聚焦于笔筒，用胶卷摄制窗台前阴影中的物件，他巧妙对焦，融入折光，在摄影中一次合成。画面虚灵处恍惚重影，而缜密处毫发不让，如此，长毫斗笔，飘飘欲仙，演绎为象征中国传统文化的神笔。

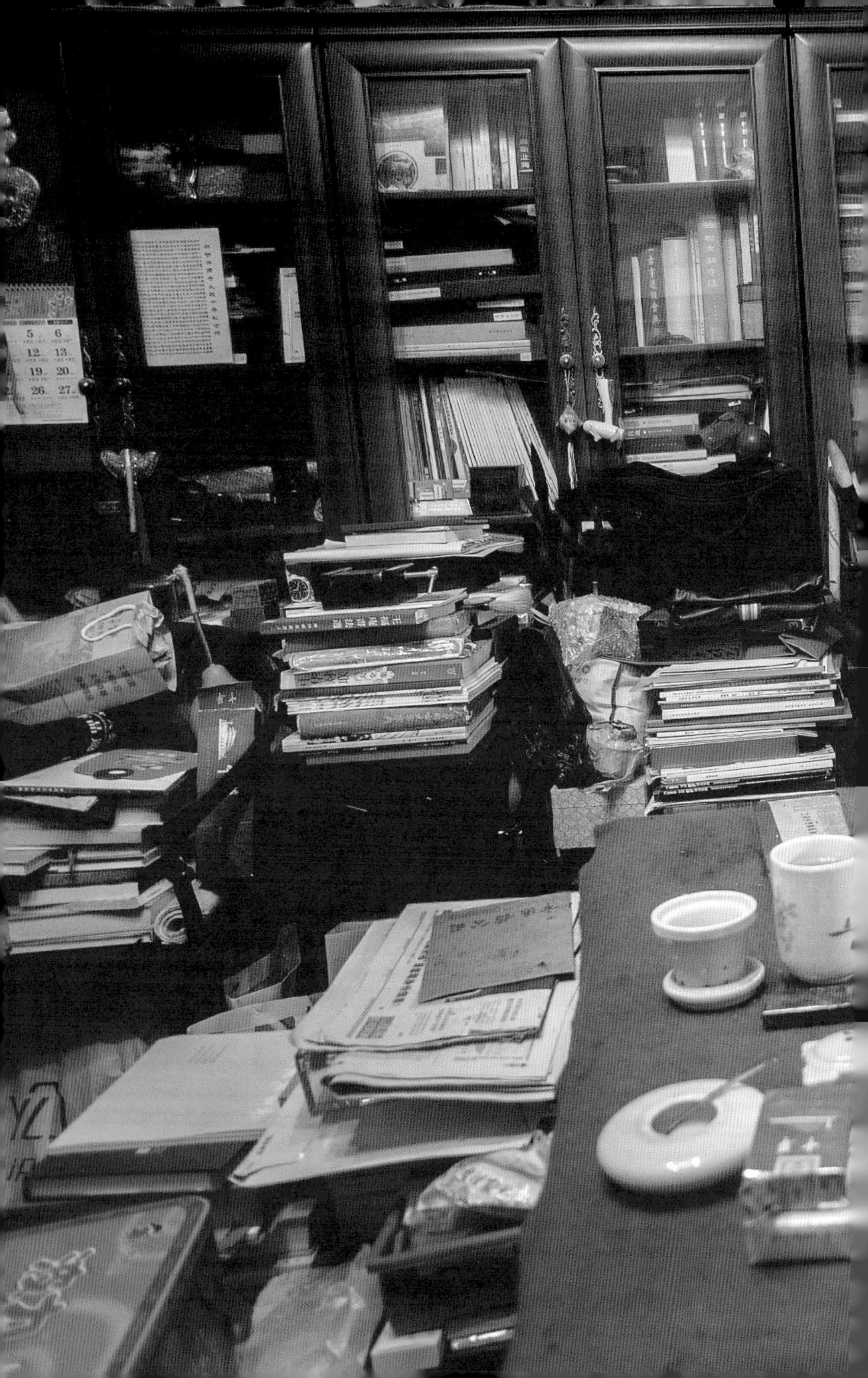

神笔

林秉亮

　　沪上著名金石篆刻家、书法家高式熊先生，今年已94岁，还那么神清气爽，精力充沛。老的只是岁月，他依旧天南海北地到处走，写字、刻印、抽烟、喝酒、海阔天空地送往迎来、嘻嘻哈哈，是个真正的性情中人。初次与高老相识，是在闵行区群艺馆一次书法展览上。当时，我抓拍了几张他开会时的神态照片，第三天送到他家时，他当即要女儿请我在照片上签名，并与我合影，真有些使我受宠若惊。高老生性浪漫，爱好广泛，平时喜爱收藏相机，年青时会弹吉他。共同的兴趣爱好，一来二去，使我成了他家的常客。他家经常高朋满座，他的笑声能感染身边的每一个人。通过在他家拍了几次照片后，我开始构想运用高老用过的毛笔和他桌上的笔筒，拍摄一幅属于他精神世界的静物摄影作品。

2014年11月的一天上午，我带上了哈苏120相机、胶卷及事先准备好的专用工具，在他戏称为"垃圾桶"的家中摆开了阵势。我将大小粗细不一、高老已用过又洗净的毛笔，竖在紫檀刻花的精致笔筒里，用一块透明塑料板涂上预先构思好的图案作为前景，充分利用相机镜头的前后景深控制原理将眼前的物品营造出一种扑朔迷离的朦胧感觉，拍摄这幅作品花了接近3个小时，其间高老一边写书法，一边还几次在我的取景框里观看画面……等到画面摆放到我想象中的要求时，我果断地按下了快门，一幅静物摄影作品终于诞生了。这幅名为《神笔》的摄影作品不正反映了高老一生的耕耘与追求吗？他要在五千年中国浩瀚文化的长河中，去拨开迷雾，走出一条他自己的书法、篆刻的路来。我要反映的就是他那孜孜不倦的追求精神。

　　在摄影艺术创作中，挖掘题材，酝酿主题，考虑拍摄的方法和形式，这种构思过程有时需要延续几天、几个月，乃至几年，有了主题后还需打开这扇门的钥匙，经常是一些细节激活艺术家的灵性，令他们茅塞顿开。在文学创作上有下笔万言、一气呵成之说，而在摄影创作上，则决胜于相机快门启闭的霎时间。这刹那的爆发与锁定，往往又取决于你平时的观察与对生活的丰富积累。摄影，它和所有的艺术创作一样，功夫在诗外了！

蕴藏古代智慧宝库的灵魂

灌注精微的思想与双手

饱经世故的铭刻中

一双蝴蝶，一条渊源的河

自蜿蜒的文字渠道

翩然飞起

——— 张心柔

山乡巨变

贺友直

"老茄" | 贺友直

      祖籍宁波北仑，1922年11月出生于上海。从事连环画创作50多年，曾任上海人民美术出版社编审，中国美术家协会第四届常务理事、连环画艺术委员会主任，上海市美术家协会第四届副主席，中国连环画研究会第二届副会长等职，享受国务院政府特殊津贴。

他在20世纪60年代创作的长篇连环画《山乡巨变》，是一部具有里程碑意义的大作。那个时代由贺友直的连环画、齐白石的变法丹青、林风眠的中西妙合、潘天寿的文人画变体、叶浅予的舞蹈速写、黄永玉的《阿诗玛》版画、李可染的长江写生等共同构成的美术浪潮，震动、唤醒并影响了中国一代美术人士的眼、手、心！

"老上海记忆"的活字典

—— 记贺友直先生

顾中朝

一脸祥和与满足的微笑，

一抹深邃又精明的眼神。

面对如今世人送来

太多的赞美和头衔，

抿口老酒，他轻言超脱的孤傲：

"我不是什么泰斗，就一个画匠；

别把我捧得太高！"

这就是一位上海滩老宁波

精到的淡定与旷达；

从他眉宇神态间，

你可以读到世间沧桑；

从他微笑谈吐中，

你可以读取人情世道；

从他的恬淡口吻里，

你更可以读懂什么叫"明白"！

这才是一个真正艺术家

心底的坚守与高傲。

正因为他明白自己

姓啥叫谁

他才能在人生的近百年里，

如此通脱地描绘一个

国土形象与上海

这个大都市昨天今日的风貌。

难怪，他会说：

"我来自民间，升斗小民关心点啥，

我都知道！"

难怪，他50年代通过下乡体验生活

创作的白描连环画《山乡巨变》

《李双双》《朝阳沟》《十五贯》，

至今人们还津津乐道；

难怪，他90年代以来创作的

《申江风情录》《老上海360行》

《小街世相》《弄堂里的老上海人》，

会如此震动业界，

引起老上海人对这个城市

昨天的亲切回顾和缅怀；

他笔下的人情冷暖、美丑艳淑，

能如此地栩栩如生

他笔下无论白相人嫂嫂、亭子间阿姨的妖娆风姿，

还是走街贩卒、跑堂跟班的跌搭拌冲，

无不活龙活现地跃然纸上，

还原了一个过去了的上海的真实历史。

这与他浸淫熟悉老上海的人物风貌，

密切相关，

更与他"将生活与艺术的偏好结合"，

走出他独有的一条创作道路和表现风范有关。

正如他自己所说：

"艺术若能做到通俗的雅气，就令人永不生厌。"

于是，你便可领悟，

他的目光

为何总那么炯炯有神，

他的言行

为何总那么坦荡率真。

正因为他画风追求的趣味，

和他本身的趣味格调的一致，

他才有如此的"老茄"底气。

这才是一个真正的老上海人的"明白"，

他深深地知道：自己姓啥叫谁！

目光
—— 我眼中的贺友直先生

林秉亮

他的眼神那么犀利，

容不得你有半点虚伪；

他的眼睛又那么淡然，

看透了人间的沉浮沧海；

他的眼睛，你无法回避；

逼你非要真诚相待。

老辣、犀利、看透一切；

凡被他看过一眼的人，
无法回避他能审问你灵魂状态的深刻
与解剖刀式锋利的眼神。
这是一个老上海丰富的人生经历和磨难
而打造出的一种厉害。
他不会和你敷衍，
更没兴趣听你高谈阔论，
他的心里比什么都明白。

"我要让年迈的脚步，跟上时
代的步伐"

秦怡
2014.9.29.

美丽的档案 ｜ 秦怡

　　著名电影表演艺术家。1922年出生于上海。16岁时为参加抗日来到重庆，进入中国电影制片厂。1941年，入中华剧艺社，主演话剧《桃花扇》《离离草》《草木皆兵》等。与白杨、舒绣文、张瑞芳一起，被评为话剧"四大名旦"。1946年回到上海，在《忠义之家》《遥远的爱》《母亲》等影片中担任主要角色。新中国成立后，进入上海电影制片厂，任演员剧团副团长。在

《青春之歌》《林则徐》《摩雅傣》《北国江南》《女篮五号》《上海屋檐下》等30多部影视剧中，任主要角色。成功塑造了林红、芳林嫂、林洁、阿宽嫂、银花等女性形象，是新中国最受观众欢迎的电影演员之一。曾获第一届中国电视金鹰奖优秀女演员奖、中国电影金鸡百花终身成就奖、"国家有突出贡献电影艺术家"称号、全国五一劳动奖章等。

美丽的档案

梁绍基

秦怡，一个曾经响亮的载入电影史册的名字，对于众多的影迷，尤其是与共和国一起成长起来的群体而言，她俨然"美丽"的代名词，甚至是一尊女神。她在《青春之歌》《女篮五号》《摩雅傣》《北国江南》等电影里所塑造的不同形象，莫不感人肺腑，令人记忆犹新。

"90后"的秦怡，青春依旧，充满理想，工作繁忙。2014年秋冬，她不顾别人劝阻，勇上青海高原，去实现拍摄新电影《青海湖畔》的宿愿。为此，她不仅自编自导自演，而且倾囊奉献。林秉亮在2014年夏秋之际，在她忙里偷隙期间拍了三次照片，为人们提供了这位"明星中的明星"当下的"美丽档案"。这些肖像，不仅美丽、端庄，而且还糅入了时尚、庄严、成熟、坚强、坦荡……

秦怡的美丽是岁月沉淀、历久弥坚的美丽，是宽厚、仁慈、温柔、忍耐负重的母爱的美丽，是兢兢业业、一丝不苟、以天下为己任的美丽，是生活上永远追逐阳光、青春的美丽……所以当林秉亮在克勒门下午茶拍摄她与陈钢老师合作的钢琴伴诵《鲁妈的独白》时，她美丽的眼睛那么深沉，像浩瀚的海洋一般无边无际……

2nd Oct. 2007 opening ceremony of 2007 Special Olympics World Summer Games
中華圓夢
萬馬奔騰

致秦怡

顶着百年风雨，您从容走来，
让人惊呼 ：您还是那样美丽……
璀璨银幕和繁华舞台上的悲欢，
都已经成了感人至深的故事；
在街谈巷议中广为流传，最后
都积淀在一代又一代人的记忆里。

那些曾经的、阳光明媚的爱情，
那些曾经的、无可替代的亲人，
那些本应和您继续同台的搭档，
那些流离失所而又激情的岁月……
那些酸甜苦辣都搁在哪儿去了呢？
那些难以逾越的艰难困顿？

每当您仰望着寂静夜空的时候，
繁星就开始跟您说话了；
她们的语言就是闪烁的星光，
只有您懂，因为您也是一颗星！

星星对您说了些什么呢？
一定是称赞您：好稳健的步履啊！
顶着百年风雨，您从容走来，
让人惊呼：您还是那样美丽……

伊人

林秉亮

《诗经》有云："所谓伊人，在水一方。"秦怡的一生，以她创作的不同角色，已完美地诠释了什么叫"中国女人完美的理想"。

秦怡是个大忙人。2014年5月的一天，我总算等到了给秦怡老师拍照的机会，但到她家一看，她却被一大群记者围住了，她手拿一本画册，正给记者们讲述过去的故事。当画册翻到了解放初期这段内容时，她动情地说，新中国成立后的中国电影界倡导的纯朴、健康、理想丰满的新女性主流形象格调，使她能在影片《女篮五号》中扮演了主角。

秦怡在电影《雷雨》中所饰的鲁妈，曾被曹禺先生誉为"最好的鲁妈"，这可能就是指她能将她所特有的高贵、美丽和复杂的人性注入到这个角色中的缘故吧！

钢琴伴诵《鲁妈的独白》创作于1984年，系著名作曲家陈钢先生受秦怡之约而作。作品深刻地表现了鲁妈的悲剧人生，震撼人心，三十年来演出近百场。经过第一次拍摄，我心里在想，秦怡老师是个出色的演员，如果能有个合适的舞台给她表演，我就可能会捕捉到那种"唯她独有，别人全无"的"她"的瞬间神态。

2014年8月，在陈钢老师和贵都克勒门朋友们的大力支持和配合下，秦怡老师在拍摄电影《青海湖畔》最繁忙的时候，赴约来到了贵都饭店27楼"克勒门之家"。到达27楼，当陈钢老师钢琴声一响，似乎是让时间定格在当年鲁妈和周朴园的相恋瞬间。当鲁妈回忆起在大雪纷飞中抱着出生才三天的男孩，被迫离开周家、讨饭、洗衣服、为人家做老妈子的不幸遭遇时。她动情了，眼中饱含着热泪，我瞧准机会，等待最佳时机的出现，按下了快门……

摄影是借助于光来做文章。秦怡老师那天站在钢琴边上，光线较弱，左边大窗户的自然光和现场的灯光形成了夹光，又是混合光源，是摄影创作中最忌讳的光线，处理不好，人物脸部就成了阴阳脸。混合光的色温会将人物的脸色变得面目全非，在一般人的眼中，这种光线是不适合拍照的，或者会给个小闪光灯补光，但在人物摄影创作中，我一般不赞同使用闪光灯，因为它会破坏现场气氛，还会极大地干扰人物的情绪。那天秦怡老师站在钢琴旁的位置光线复杂多变，是我认为具有挑战性的光线，把握得好，恰恰就能抓住人物的神情，较好地刻画出人物的心理特征，使其神韵跃然于画面之上。

　　在拍摄人像之前，我会在拍摄技巧和用光技术上下功夫，事先做到心中有数；在拍摄时，我会将精力集中于被摄者的性格和表情上，这就是我经常能拍摄出表情丰富的人物摄影作品的原因所在。

慈悲温柔的目光

穿越历史的伤痕与泪水

用爱缝制七彩的羽衣

于剧场的魔幻中遨游

在言语无法触及的境界里

一切道白都被原谅

———— 张心柔

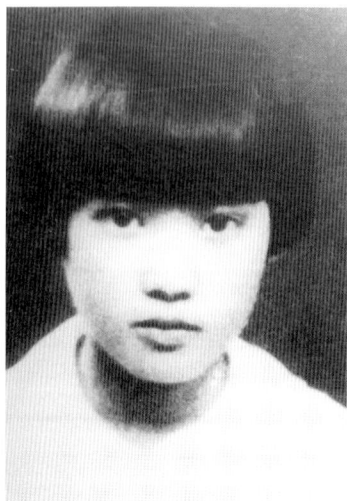

甘为交响牛

宣传

2014年9月

"公牛" | 曹鹏

  著名指挥大师，卓越的交响乐普及者、国家一级指挥。1925年出生于江苏江阴。1947年进入山东大学文艺系学习指挥。1955年考取莫斯科柴可夫斯基音乐学院。1961年学成回国，先后任上海交响乐团常任指挥、音乐顾问、上海乐团总监兼首席指挥、上海室内乐团团长兼首席指挥、上海交通大学兼职教授、上海大学音乐学院名誉院长、上海大学生交响乐团、上海中学生交响乐团总监兼首席指挥。2005年成立曹鹏音乐中心，并创办国内第一支非职业交响乐团——城市交响乐团。曾在《龙须沟》《智取华山》等十多部影片中任音乐指挥。与香港ＨＮＨ国际唱片公司合作，录制了50盘《系列中国交响乐作品大全》CD片。曾获国家表演艺术突出贡献奖、全国文化系统先进工作者、上海文学艺术奖、上海十大杰出志愿者等奖项和称号。

千言万语一挥间

梁绍基

音乐指挥家的肖像素来是摄影家钟爱的题材。如何以新的视角去刻画指挥家的精神风貌，并使具象的光影艺术与抽象的听觉艺术邂逅而创造出影音，是林秉亮苦苦思索的命题。

凭着"超感的0.1秒"（旅美歌唱家陈东语），林秉亮让一副令人难忘的指挥家的表情精彩永驻。这是一张横构图的九旬翁胸像，从苏联留学归来后，长期活跃在中国乐坛上著名的交响乐指挥家曹鹏先生，紧锁双眉，紧握左拳，倾身向前，高举指挥棒，须发飘飘。这舞动的指挥棒携着西伯利亚白桦林的雄风，席卷着东海万顷波涛，召唤着上苍和大地的恩赐，呼唤着慈爱、善良、奉献、激情和力量，一并洒向人间……千呼万唤始出来，千言万语一挥间，余音缭绕……

爱的播种

梁绍基

"90后"的曹鹏"俯首甘为交响牛",不仅频频出现在上海交响乐团音乐厅,而且倾心于交响乐的普及。他二十多年如一日指导上海南模中学交响乐团,近六年来,热情地帮助自闭症儿童,坚持不懈地用音乐夫唤醒社会上被人们所疏离的群体的自尊和活力。

林秉亮记录了曹鹏指挥"草坪音乐会"的生动的一幕。在演出后，他俯身亲切地搂着自闭症儿童，彼此默默地用目光交流并倾听他们的呼声。这动作仿佛在播种，播种仁爱、播洒雨露、播射阳光。凝视这张照片，巴赫的《圣母颂》仿佛由远及近飘扬而来……

　　"曹爷爷，我爱你！""祝你活到120岁！"爱的回声终于响起，"禁门"敲开了……

褪去铅华的乐章

步下庄严的殿堂

经过了多少惊心动魄的时刻

独自徘徊于神灵的居所

直到宽厚的仁性来临

孩童的笑颜于风中绽放

—— 张心柔

听得见的眼神

林秉亮

2014年，我为交响乐指挥大师曹鹏拍摄了很多次照片，从南模中学的排练厅到上海交响乐团的音乐厅，从上海城市交响乐团排练场到上海音乐厅旁的草坪音乐会。其中有他指挥交响乐时叱咤风云的雄姿，也有与爱女合作《梁祝》时的儿女情长……

曹鹏，他深深地爱着音乐，而他最爱的是贝多芬的《第九交响曲》和舒伯特的《圣母颂》。曹鹏在指挥南模中学交响乐团演奏舒伯特的《圣母颂》时，侧耳谛听孩子们指间滑落的串串音符，感动得泪光闪闪。"我喜欢和孩子们一起演奏，他们奏出的是世界上最美丽最纯真的音符……那天堂仙境般美丽动人的语言，让我再次领悟到了纯朴真诚的童心。"在灾难突然降临时，爱的抚慰就愈加显示出它的不凡意义。2010年上海静安大火后，曹鹏告诉女儿："乐团得以自己的方式表示一下，一定要为这次的灾难做点什么。"死者的"头七"，上海有十万人自发哀悼。上海城市交响乐团在人群中演出了半个小时。《圣母颂》只演奏了几分钟，却被称为"最高尚的悼念方式"。也有人称道说："上海在《圣母颂》中安静下来……"

我用摄影手段记录下了很多曹鹏老师的感人事迹，但最打动我内心世界的是第一次去他家、第一次近距离接触他时，他那种淡定的眼神。眼睛是心灵的窗户，很多时候眼睛传递出来的情感讯息，远比千言万语来得真实、贴切。人物摄影常常讲究眼神的捕捉。如果能准确抓住被摄者的眼神，往往可以增加画面的故事性。眼神是人物的精气神所在。我看到的曹鹏老师是拥有一种充溢着慈爱、充溢着深情、充溢着纯粹、充溢着千言万语的眼神，这样的眼神深深地感染了我，使我不由自主地拿起了相机。

图书在版编目(CIP)数据

冬天的童话:"90后"艺术大师写真 / 林秉亮著.—北京:生活·读
书·新知三联书店,2015.8
(克勒门文丛)
ISBN 978-7-108-05459-3

Ⅰ.①冬…　Ⅱ.①林…　Ⅲ.①艺术家—生平事迹—上海市—现代—
摄影集　Ⅳ.①K825.7-64

中国版本图书馆 CIP 数据核字(2015)第 185388 号

责任编辑　关雪莹
封面设计　蔡立国
封面插图　林明杰
版面设计　梁绍基
责任印制　黄雪明
出版发行　生活·讀書·新知 三联书店
　　　　　(北京市东城区美术馆东街22号)
邮　　编　100010
印　　刷　上海丽佳制版印刷有限公司
排　　版　南京前锦排版服务有限公司
版　　次　2015 年 8 月第 1 版
　　　　　2015 年 8 月第 1 次印刷
开　　本　880 毫米×1230 毫米　1/32　印张　6.375
字　　数　50 千字
印　　数　0,001—5,000 册
定　　价　39.00 元

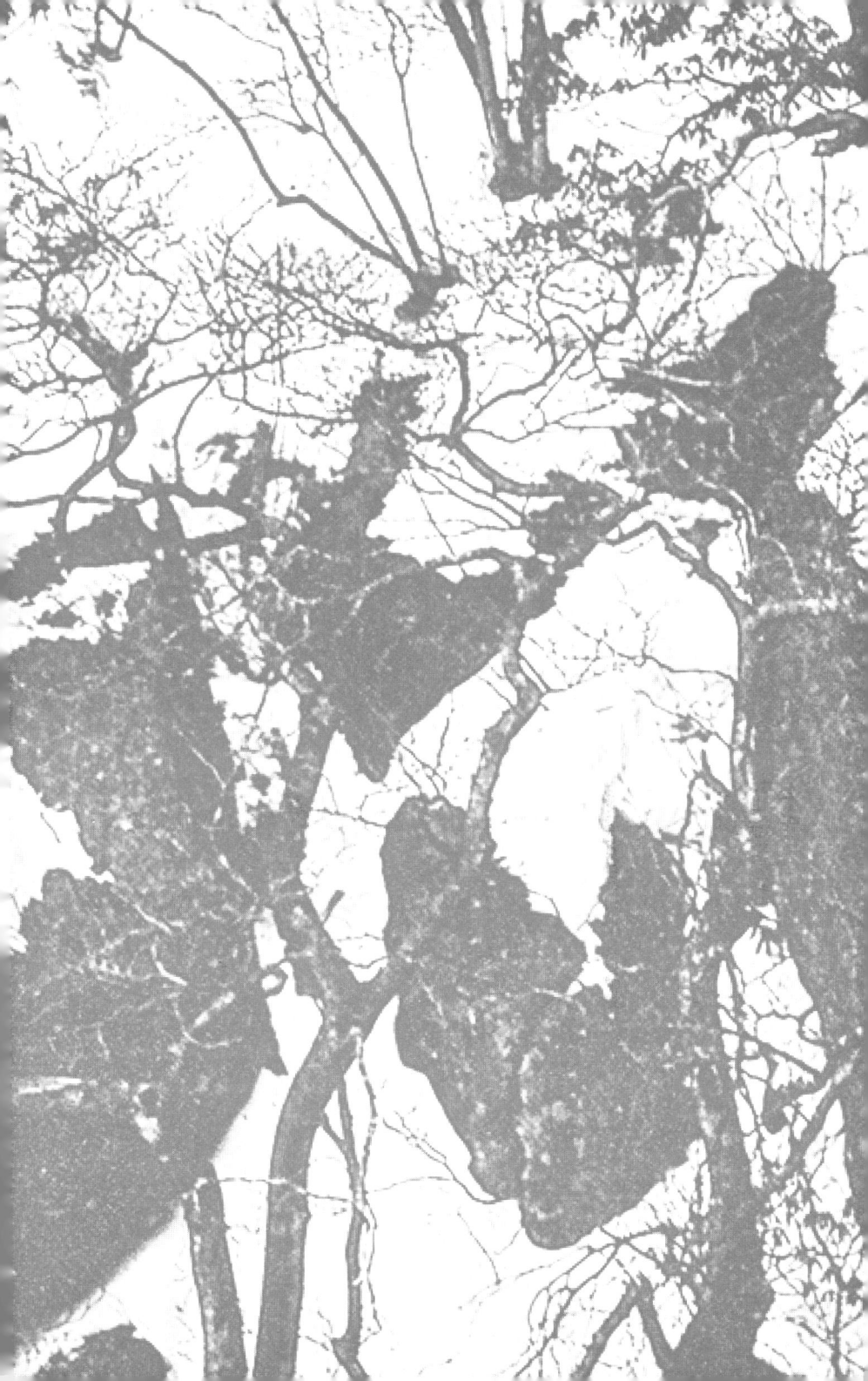